CONTENTS

1/USEFUL EXPRESSIONS

COURTESY

Please.	**S'il vous plaît.**
Thank you.	**Merci.**
You're welcome.	**De rien.**
Excuse me.	**Pardon.**
It doesn't matter.	**Ça ne fait rien.**

GREETINGS

Good morning.
  Good afternoon.
  Hello.
	Bonjour.

Good evening.	**Bonsoir.**
Good night. (bedtime)	**Bonne nuit.**
Good-bye.	**Au revoir.**
See you soon.	**À bientôt.**
See you later.	**À tout à l'heure.**

APPROACHING SOMEONE FOR HELP

Excuse me,	**Pardon,**
• Sir.	**• Monsieur.**
• Ma'am/Mrs./Ms.	**• Madame.**
• Miss.	**• Mademoiselle.**
Do you speak English?	**Parlez-vous anglais?**
Yes/No.	**Oui/Non.**
I'm sorry.	**Je suis désolé(e).**
I don't speak French.	**Je ne parle pas français.**
I don't understand.	**Je ne comprends pas.**
I understand a little.	**Je comprends un peu.**
Please speak more slowly.	**Parlez plus lentement, s'il vous plaît.**
Please repeat.	**Répétez, s'il vous plaît.**
May I ask a question?	**Une question, s'il vous plaît.**
Could you please help me?	**Pourriez-vous m'aider, s'il vous plaît?**
Okay.	**D'accord.**
Of course.	**Bien sûr.**
Where is ___?	**Où est ___?**
Thank you very much.	**Merci beaucoup.**

3

QUESTION WORDS

Who?	**Qui?**
What?	**Quoi?**
Why?	**Pourquoi?**
When?	**Quand?**
Where?	**Où?**
How?	**Comment?**
How much is it?	**C'est combien?**

NUMBERS

0	**zéro**	30	**trente**
1	**un**	40	**quarante**
2	**deux**	50	**cinquante**
3	**trois**	60	**soixante**
4	**quatre**	70	**soixante-dix**
5	**cinq**	71	**soixante et onze**
6	**six**	72	**soixante-douze**
7	**sept**	73	**soixante-treize**
8	**huit**	74	**soixante-quatorze**
9	**neuf**	75	**soixante-quinze**
10	**dix**	76	**soixante-seize**
11	**onze**	77	**soixante-dix-sept**
12	**douze**	78	**soixante-dix-huit**
13	**treize**	79	**soixante-dix-neuf**
14	**quatorze**	80	**quatre-vingts**
15	**quinze**	81	**quatre-vingt-un**
16	**seize**	90	**quatre-vingt-dix**
17	**dix-sept**	91	**quatre-vingt-onze**
18	**dix-huit**	100	**cent**
19	**dix-neuf**	101	**cent un**
20	**vingt**	120	**cent vingt**
21	**vingt et un**	200	**deux cents**
22	**vingt-deux**	900	**neuf cents**
29	**vingt-neuf**	1,000	**mille**

Ordinal Numbers

first *(m)*	**premier**
first *(f)*	**première**
second	**deuxième**
third	**troisième**
fourth	**quatrième**

QUANTITIES

a half	**une moitié**	a few	**quelques**
half of	**un demi de**	enough	**assez de**
a third	**un tiers**	too little	**trop peu de**
a quarter	**un quart**	too much	**trop de**
3 percent	**trois pour cent**	a kilo of	**un kilo de**
a lot of, many	**beaucoup de**	once	**une fois**
a little of	**un peu de**	twice	**deux fois**
a dozen (of)	**une douzaine de**	last	**dernier (dernière)**

DIALOGUE: À LA BANQUE (AT THE BANK)

Le client:	**Pouvez-vous me changer cent dollars?**
La caissière:	**Certainement, monsieur. Le cours est à six francs aujourd'hui. Ça vous fait donc six cent francs.**
Le client:	**Bien. Voici mes chèques de voyage.**
La caissière:	**Voulez-vous bien les signer, monsieur?**
Le client:	**Bien sûr. Eh bien, voilà.**
La caissière:	**Et votre passeport, s'il vous plaît.**
Le client:	**Le voici.**

· ·

Customer:	Could you change $100 for me?
Teller:	Certainly, sir. The rate is six francs to the dollar today. So that would be 600 francs.
Customer:	Fine. Here are my traveler's checks.
Teller:	Would you please sign them, sir?
Customer:	Of course. Here they are.
Teller:	And your passport, please.
Customer:	Here it is.

BANKS

Where is the nearest bank?	**Où est la banque la plus proche?**
Is there a currency exchange office nearby?	**Y a-t-il un bureau de change près d'ici?**
I'd like to change some dollars.	**Je voudrais changer des dollars.**

How much is the dollar worth?	**Combien vaut le dollar?**
I'd like to buy French francs.	**Je voudrais acheter des francs français.**
Can I change traveler's checks?	**Est-ce que je peux changer des chèques de voyage?**
Where do I sign?	**Où est-ce que je dois signer?**
Can you give me small bills?	**Pouvez-vous me donner l'argent en petites coupures?**

PAYING THE BILL

The bill, please.	**L'addition, s'il vous plaît.**
How much is it?	**C'est combien?**
Is service included?	**Le service est compris?**
This is for you.	**C'est pour vous.**

TELLING TIME

What time is it?	**Quelle heure est-il?**
It's . . .	**Il est . . .**
• three o'clock.	**• trois heures.**
• three-fifteen.	**• trois heures et quart.**
• three-thirty.	**• trois heures et demie.**
• two forty-five.	**• trois heures moins le quart.**
• three-ten.	**• trois heures dix.**
• two-fifty.	**• trois heures moins dix.**
It's . . .	**Il est . . .**
• midnight.	**• minuit.**
• noon.	**• midi.**
five minutes ago	**il y a cinq minutes**
in a half hour	**dans une demi-heure**
since seven P.M.	**depuis sept heures du soir**
after eight P.M.	**après huit heures du soir**
before nine A.M.	**avant neuf heures du matin**
When does it begin?	**A quelle heure est-ce que ça commence?**
He came . . .	**Il est venu . . .**
• on time.	**• à l'heure.**
• early.	**• tôt.**
• late.	**• en retard.**

2/AT THE AIRPORT

DIALOGUE: CONTRÔLE DES PASSEPORTS (CUSTOMS AND IMMIGRATION)

Douanière:	**Bonjour, monsieur. Votre passeport, s'il vous plaît.**
Touriste:	**Voici mon passeport.**
Douanière:	**Vous êtes américain?**
Touriste:	**Oui, je suis américain.**
Douanière:	**Combien de temps allez-vous rester en France?**
Touriste:	**Je vais rester une semaine.**

. . . .

Customs Official:	Hello, sir. Your passport, please.
Tourist:	Here's my passport.
Customs Official:	Are you American?
Tourist:	Yes, I'm American.
Customs Official:	How long will you be in France?
Tourist:	I'll be here for a week.

AIRPORT ARRIVAL

What's your name?	**Comment vous appelez-vous?**
My name is ___ .	**Je m'appelle ___ .**
I'm staying at the ___ Hotel.	**Je loge à l'hôtel ___ .**
Yes, I'm on vacation.	**Oui, je suis en vacances.**
I'm just passing through.	**Je suis de passage.**
I'm here on a business trip.	**Je suis en voyage d'affaires.**
I'll be here a week.	**Je vais rester une semaine.**
I have nothing to declare.	**Je n'ai rien à déclarer.**

LUGGAGE AND PORTERS

I need . . .	**Il me faut . . .**
• a porter.	**• un porteur.**
• a baggage cart.	**• un chariot.**
This is mine.	**C'est à moi.**
Take my bags to the taxi.	**Portez mes bagages au taxi.**

| Be careful, please! | **Faites attention, s'il vous plaît!** |

AIRPORT TRANSPORTATION AND SERVICES

Where is/are . . .	**Où est/sont . . .**
• the car rental agencies?	• **les agences de location de voiture?**
• the duty-free shop?	• **le magasin hors-taxe?**
• the bus stop?	• **l'arrêt d'autobus?**
• an information booth?	• **le bureau de renseignements?**
• the ticket counter?	• **le guichet?**
• the lost baggage office?	• **le bureau d'objets trouvés?**
• the bathroom?	• **les toilettes?**
• the exit?	• **la sortie?**

FLIGHT ARRANGEMENTS

Is there a direct flight to Brussels?	**Y a-t-il un vol direct pour Bruxelles?**
What time does it leave?	**A quelle heure part l'avion?**
I'd like . . .	**Je voudrais . . .**
• a one-way ticket.	• **un aller.**
• a round-trip.	• **un aller-retour.**
• a seat in tourist (coach) class.	• **une place en deuxième classe.**
• a seat in the no-smoking section.	• **une place dans la section non-fumeurs.**
What is the arrival time? (lit., At what time does one arrive?)	**A quelle heure est-ce qu'on arrive?**
Do I need to change planes?	**Faut-il changer d'avions?**
There's a connection in Geneva.	**Il y a une correspondance à Genève.**
When is check-in?	**A quelle heure est l'enregistrement?**
What is the flight number?	**Quel est le numéro du vol?**
From what gate does this flight leave?	**De quelle porte part ce vol?**
I'd like to check these bags.	**Je voudrais enregistrer ces bagages.**

3/FINDING YOUR WAY

DIALOGUE: DANS LA RUE (ON THE STREET)

Touriste:	**Pardon, monsieur, pour aller au Musée de la Gare d'Orsay?**
Parisien:	**Oui, ce n'est pas loin d'ici. Continuez tout droit et le musée sera à gauche.**
Touriste:	**Merci. Alors, je peux y aller à pied?**
Parisien:	**Ah oui! Bien sûr! Mais le musée est fermé aujourd'hui. Il est fermé le lundi.**
Touriste:	**Tant pis. J'irai demain.**
Parisien:	**Alors, bon séjour à Paris!**
. . . .
Tourist:	Excuse me, sir, how can I get to the Gare d'Orsay Museum?
Parisian:	Yes, it's not far from here. Continue straight ahead and the museum will be on the left.
Tourist:	Thanks. So I can walk there?
Parisian:	Yes, of course! But the museum is closed today. It's closed on Mondays.
Tourist:	Too bad. I'll go tomorrow.
Parisian:	Well, have a good stay in Paris!

WALKING AROUND

Where is the Pantheon?	**Où est le Panthéon?**
Do you have a map of the city?	**Avez-vous un plan de la ville?**
Could you show me on my map, please?	**Montrez-moi sur mon plan, s'il vous plaît?**
Can I get there on foot?	**Puis-je y aller à pied?**
How far is it?	**C'est à quelle distance?**
I think I'm lost.	**Je crois que je suis perdu(e).**
Where can I find this address?	**Où puis-je trouver cette adresse?**
It's straight ahead.	**C'est tout droit.**
Turn left (right).	**Tournez à gauche (à droite).**
It's down there.	**C'est là-bas.**
It's . . .	**C'est . . .**
• behind ___ .	• **derrière ___ .**
• in front of ___ .	• **devant ___ .**

9

- next to ___ .
- near ___ .
- after ___ .

- à côté de ___ .
- près de ___ .
- au-delà de ___ .

USING THE SUBWAY

Where's the nearest subway station?

Où est la station de métro la plus proche?

What line goes to ___?

Quelle ligne va à ___?

ON THE BUS

Where is the nearest bus stop?

Où est l'arrêt de bus le plus proche?

What is the fare to ___?

Quel est le prix du trajet pour ___?

Do you need exact change?

Faut-il avoir la monnaie exacte?

I want to get off at ___.

Je veux descendre à ___.

TAKING A TAXI

Taxi!

Taxi!

Are you free?

Etes-vous libre?

Please take me to the airport.

S'il vous plaît, conduisez-moi à l'aéroport.

I'm in a hurry!

Je suis pressé(e)!

Stop here, please.

Arrêtez-vous ici, s'il vous plaît.

How much do I owe you?

Combien est-ce que je vous dois?

Keep the change.

Gardez la monnaie.

GOING BY TRAIN

Where is/are . . .

Où est/sont . . .

- the train station?
- the (second-class) sleeping cars?
- the first-class sleeping cars?
- the non-smoking section?

- la gare?
- les couchettes?

- les wagon-lits?
- le compartiment non-fumeurs?

- the platform?

- les quais?

I'd like a ticket to Lyons on the next train.	Je voudrais un billet pour Lyon dans le prochain train.
Where are we now?	Où sommes nous, maintenant?

TRAVELING BY BOAT

When is the next boat for ___?	Quand part le prochain bateau pour ___?
How long is the crossing?	Combien de temps prend la traversée?
How much is a seat in cabin class?	Combien coûte un billet de cabine?
I missed the boat.	J'ai manqué le bateau.
What should I do?	Qu'est-ce que je dois faire?

4/ACCOMMODATIONS

DIALOGUE: À LA RÉCEPTION (AT THE FRONT DESK)

Cliente:	Bonjour, monsieur. Avez-vous une chambre pour deux personnes pour une nuit?
Gérant:	Un moment, madame. Je vais voir. . . Oui, j'en ai une au troisième étage avec un lit à deux places.
Cliente:	C'est parfait. Y a-t-il une salle de bain?
Gérant:	Non, mais il y a un cabinet de toilette et une douche.
Cliente:	Très bien. Est-ce que je pourrais la voir?
Gérant:	Oui, bien sûr. Suivez-moi, madame.

. . . .

Customer:	Hello. Do you have a room for two people for one night?
Manager:	One moment, madam. Let me see . . . Yes, I have one on the fourth floor with a double bed.
Customer:	Perfect. Does it have a bathroom?
Manager:	No, but it does have a toilet and a shower.
Customer:	Fine. Could I see it?
Manager:	Yes, of course. Follow me, madam.

HOTEL ARRANGEMENTS AND SERVICES

I have a reservation.	**J'ai une réservation.**
I'd like a room . . .	**Je voudrais une chambre . . .**
• for tonight.	• **pour ce soir.**
• with one bed.	• **à un lit.**
• with a bathroom.	• **avec salle de bain.**
Is there hot water?	**Y a-t-il de l'eau chaude?**
I'd like to see the room.	**Je voudrais voir la chambre.**
I'll take it.	**Je la prends.**
I'm not going to take it.	**Je ne vais pas la prendre.**
Do you have a room that's . . .	**Avez-vous une chambre . . .**
• quieter?	• **plus tranquille?**
• bigger?	• **plus grande?**
• less expensive?	• **moins chère?**
How much is it . . .	**Quel est le prix . . .**
• per week?	• **par semaine?**
• with breakfast?	• **avec petit déjeuner?**
Please have my bags sent up to my room.	**Faites monter mes bagages à ma chambre, s'il vous plaît.**
This is for your safe.	**Ceci est pour votre coffre-fort.**
I'd like to speak with . . .	**Je voudrais parler avec . . .**
• the hall porter.	• **le concierge.**
• the maid.	• **la femme de chambre.**
May I have . . .	**Puis-je avoir. . .**
• a blanket?	• **une couverture?**
• some soap?	• **du savon?**
• a towel?	• **une serviette?**
• toilet paper?	• **du papier hygiénique?**
There's a problem with . . .	**Il y a un problème avec . . .**
• the key.	• **la clé.**
• the heat.	• **le chauffage.**
• room service.	• **le service à l'étage.**
I'm in room ___ .	**Je suis dans la chambre ___ .**
Please prepare the bill.	**Voulez-vous préparer la note?**
Please have my luggage brought downstairs.	**Pourriez-vous descendre mes bagages?**

5/SOCIALIZING

DIALOGUE: DES INTRODUCTIONS (INTRODUCTIONS)

Julie Johnson:	**Bonjour, monsieur. Permettez-moi de me présenter. Je m'appelle Julie Johnson.**
Pierre Jacquot:	**Enchanté, madame. Je suis Pierre Jacquot.**
Julie Johnson:	**Très heureuse.**
Pierre Jacquot:	**Vous êtes en vacances ici à Nice?**
Julie Johnson:	**Oui, je vais rester ici encore une semaine.**
Pierre Jacquot:	**Alors, bonne fin de séjour. Au revoir, madame.**
Julie Johnson:	**Merci. Au revoir, monsieur.**
. . . .	
Julie Johnson:	Hello! Allow me to introduce myself. My name is Julie Johnson.
Pierre Jacquot:	Pleased to meet you. I'm Pierre Jacquot.
Julie Johnson:	Nice meeting you.
Pierre Jacquot:	Are you here in Nice on vacation?
Julie Johnson:	Yes. I'll be here another week.
Pierre Jacquot:	Have a good stay. Goodbye now.
Julie Johnson:	Thank you. Goodbye.

INTRODUCTIONS

I am ___ .	Je suis___ .
This is . . .	C'est . . .
• my husband.	• mon mari.
• my wife.	• ma femme.
• my colleague.	• mon/ma collègue.
• my friend.	• mon ami(e).
How are you?	Comment allez-vous?
Fine, thanks, and you?	Très bien, merci, et vous?

FIRST CONTACT

Where do you live?	Où est-ce que vous habitez?
I live in New York.	J'habite à New York.
What's your profession?	Quelle est votre profession?
I'm a . . .	Je suis . . .

13

- businesswoman.
- lawyer

MAKING FRIENDS

Would you like to have a drink?	**Voulez-vous prendre un verre?**
With pleasure.	**Avec plaisir.**
May I telephone you?	**Est-ce que je peux vous téléphoner?**
Are you married?	**Etes-vous marié(e)?**
No, but I have a girlfriend.	**Non, mais j'ai une petite amie.**
I'm single.	**Je suis célibataire.**
Are you free this evening?	**Etes-vous libre ce soir?**
Thanks for everything.	**Merci pour tout.**
I had a very good time.	**Je me suis très bien amusé(e).**

- femme d'affaires.
- avocat(e).

TALKING ABOUT LANGUAGE

Could you repeat that?	**Répétez, s'il vous plaît.**
How do you write that?	**Comment ça s'écrit?**
How do you say "spoon" in French?	**Comment dit-on "spoon" en français?**
Is there anyone who speaks English here?	**Y a-t-il quelqu'un ici qui parle anglais?**
Could you translate this for me?	**Pouvez-vous me traduire ceci?**

THE FAMILY

I'm traveling with my family.	**Je voyage avec ma famille.**
I have . . .	**J'ai . . .**

- a husband.
- a wife.
- a daughter.
- a son.
- a father.
- a mother.
- a grandfather.
- a grandmother.
- a grandson
- a granddaughter.

- **un mari.**
- **une femme.**
- **une fille.**
- **un fils.**
- **un père**
- **une mère.**
- **un grand-père.**
- **une grand-mère.**
- **un petit fils.**
- **une petite fille.**

• a cousin (m).	• un cousin.
• a cousin (f).	• une cousine.
• an aunt.	• une tante.
• an uncle.	• un oncle.
• a sister.	• une soeur.
• a brother.	• un frère.

IN THE HOME

Make yourself at home.	Faites comme chez vous.
I really like this neighborhood.	J'aime beaucoup ce quartier.
Here is . . .	Voici . . .
• the kitchen.	• la cuisine.
• the living room.	• le salon.
• the dining room.	• la salle à manger.
• the bedrooms.	• les chambres.
• the armchair.	• le fauteuil.
• the table.	• la table.
• the chair.	• la chaise.
• the ceiling.	• le plafond.
• the floor.	• le plancher.

6/DINING OUT

DIALOGUE: AU RESTAURANT (AT THE RESTAURANT)

Garçon:	Qu'est-ce que vous prendrez, Madame?
Cliente:	Je ne sais pas. Quelle est la spécialité du chef?
Garçon:	Je vous recommande ceci.
Cliente:	Ça me va.
Garçon:	Et qu'est-ce que vous désirez boire?
Cliente:	Apportez-moi une bouteille d'eau minérale, s'il vous plaît.

. . . .

Waiter:	May I take your order, Ma'am?
Customer:	I don't know. . . What is the chef's specialty?
Waiter:	I recommend this.
Customer:	Fine.
Waiter:	Something to drink?
Customer:	Please bring me a bottle of mineral water.

EATING OUT

Do you know any good restaurants nearby?	Connaissez-vous un bon restaurant près d'ici?
I'd like to reserve a table . . .	Je voudrais réserver une table . . .
• for two people.	• pour deux personnes.
• for tomorrow evening.	• pour demain soir.
Waiter!	Garçon!
The menu, please.	La carte, s'il vous plaît.
To begin (for starters) ___ .	Pour commencer ___ .
Next ___ .	Ensuite ___ .
Finally ___ .	Pour terminer ___ .
That's all.	C'est tout.
I'm ready to order.	Je suis prêt(e) à commander.
Could we have . . .	Est-ce que nous pourrions avoir. . .
• a napkin?	• une serviette?
• a cup?	• une tasse?
• a glass?	• un verre?
• a fork?	• une fourchette?
• a spoon?	• une cuillère?
• a knife?	• un couteau?
• some salt?	• du sel?
• some pepper?	• du poivre?
• a little more ___ ?	• encore un peu de ___ ?

SOUPS (SOUPES)

Provencal fish stew	bouillabaisse
cream of asparagus	crème d'asperges

FISH AND SEAFOOD (POISSON ET FRUITS DE MER)

anchovies	l'anchois	mussels	les moules
shrimp	les crevettes	salmon	le saumon
lobster	le homard	trout	la truite
oysters	les huîtres		

Preparation Methods for Fish

baked	au four	marinated	mariné
fried	frit	poached	poché

MEAT (LES VIANDES)

lamb	**l'agneau**	beef	**le boeuf**
steak	**le bifteck**	ham	**le jambon**
veal stew	**la blanquette de veau**	bacon	**le lard**

Methods of Meat Preparation

braised	**braisé**
broiled	**grillé**
roasted	**rôti**
I like my steak . . .	**Je préfère mon steak . . .**

• very rare.	• **bleu.**	• medium.	• **à point.**
• rare.	• **saignant.**	• well done.	• **bien cuit.**

GAME AND POULTRY (GIBIER ET VOLAILLE)

venison	**la venaison**	rabbit	**le lapin**
duck	**le canard**	chicken	**le poulet**
turkey	**la dinde**		

VEGETABLES (LES LÉGUMES)

artichoke	**l'artichaut**	spinach	**les épinards**
mushrooms	**les champignons**	onions	**les oignons**
cauliflower	**le chou-fleur**	potatoes	**les pommes de terre**

FRUIT (LES FRUITS)

I'll have . . .	**Je prendrai . . .**

• a banana.	• **une banane.**	• a grapefruit.	• **un pamplemousse.**
• some strawberries.	• **des fraises.**	• an apple.	• **une pomme.**
• some raspberries.	• **des framboises.**		

NON-ALCOHOLIC BEVERAGES (BOISSONS SANS ALCOOL)

a cup of coffee	**un café**
• with milk	• **au lait**
• with cream	• **crème**
• espresso	• **express**

• black	• **noir**
a "do-it-yourself" lemonade	**un citron pressé**
some cold water	**de l'eau fraîche**
a tomato juice	**un jus de tomate**
a cup of tea with lemon	**un thé citron**

ALCOHOLIC BEVERAGES (BOISSONS ALCOOLIQUES)

Phrases for Ordering Drinks

straight	**sec**
on the rocks	**avec des glaçons**
with water	**à l'eau**

Beer (La Bière)

I'd like a ___ beer.	**Je voudrais une bière . . .**
• bottled	• **en bouteille.**
• local	• **du pays.**
• draft	• **pression.**

Ordering Wine

I'd like a bottle of . . .	**Je voudrais une bouteille de . . .**
• red wine.	• **vin rouge.**
• rosé wine.	• **vin rosé.**
• white wine.	• **vin blanc.**
• dry wine.	• **vin sec.**

SPECIAL DIETS

I'm on a diet.	**Je suis au régime.**
I can't eat salt.	**Je dois éviter le sel.**
I want to lose weight.	**Je veux maigrir.**

THE BILL (L'ADDITION)

Waiter! The check, please.	**Garçon! L'addition, s'il vous plaît.**
Is service included?	**Est-ce que le service est compris?**

7/PERSONAL CARE

AT THE BARBERSHOP/BEAUTY PARLOR

Is there a barbershop/beauty parlor nearby?	**Est-ce qu'il y a un coiffeur/un salon de beauté près d'ici?**
I need a haircut.	**J'ai besoin d'une coupe de cheveux.**
Please leave it long here.	**Laissez-les longs ici, s'il vous plaît.**
Not too short!	**Pas trop court!**
It's fine like that.	**C'est bien comme ça.**
I'd like a shave.	**Je voudrais me faire raser.**
Trim my beard.	**Rafraîchissez-moi la barbe.**

LAUNDRY/DRY CLEANING

laundry	**la blanchisserie**
dry cleaners	**la teinturerie**
I have some clothes to be . . .	**J'ai des vêtements à faire . . .**
• washed.	• **laver.**
• dry cleaned.	• **nettoyer à sec.**
• ironed.	• **repasser.**
I need them tomorrow.	**Il me les faut demain.**
Can you get this stain out?	**Pouvez-vous faire partir cette tache?**

8/HEALTH CARE

DIALOGUE: CHEZ LE MÉDECIN (AT THE DOCTOR'S)

Médecin:	**Qu'est-ce que vous avez, madame?**
Touriste:	**Je ne sais pas exactement . . . Je ne me sens pas bien. J'ai mal à la tête.**
Médecin:	**Avez-vous des nausées?**
Touriste:	**Oui, j'ai vomi ce matin.**
Médecin:	**Depuis quand êtes-vous malade?**
Touriste:	**Depuis dimanche; c'est-à-dire, depuis trois jours.**

Doctor:	What's the matter?
Tourist:	I don't know exactly... I'm not feeling well. I have a headache.
Doctor:	Are you nauseated?
Tourist:	Yes. I threw up this morning.
Doctor:	How long have you been ill?
Tourist:	Since Sunday; that is, for three days.

BEFORE THE VISIT

I need a doctor who speaks English.	J'ai besoin d'un médecin qui parle anglais.
Can I have an appointment for today?	Puis-je avoir un rendez-vous pour aujourd'hui?

TALKING TO THE DOCTOR

I don't feel well.	Je ne me sens pas bien.
I have a fever.	J'ai de la fièvre.
I have a sore throat.	J'ai mal à la gorge.
My head hurts.	J'ai mal à la tête.

PARTS OF THE BODY

ankle	**la cheville**	finger	**le doigt**
arm	**le bras**	foot	**le pied**
back	**le dos**	hand	**la main**
ear	**l'oreille**	leg	**la jambe**
an eye	**un oeil**	neck	**le cou**
eyes	**les yeux**		

WHAT THE DOCTOR SAYS

It's...	C'est...
• not serious.	• pas grave.
• infected.	• infecté.
You have...	Vous avez...
• appendicitis.	• une appendicite.
• the flu.	• la grippe.

PATIENT QUESTIONS

What exactly is wrong with me?	Qu'est-ce que j'ai exactement?

Do I need a prescription?	**Est-ce que j'ai besoin d'une ordonnance?**

AT THE HOSPITAL

Get me to a hospital!	**Emmenez-moi à l'hôpital!**
I was in an accident.	**J'étais dans un accident.**
He hurt his head.	**Il s'est blessé à la tête.**
Where's the nurse?	**Où est l'infirmière?**

THE DENTIST

I've lost a filling.	**J'ai perdu un plombage.**
Can you fill it with silver?	**Pouvez-vous l'obturer avec de l'argent?**

THE OPTICIAN

I lost my glasses.	**J'ai perdu mes lunettes.**
Can they be replaced right away?	**Est-ce qu'il est possible de les remplacer tout de suite?**

AT THE PHARMACY

I need something for...	**Il me faut quelque chose contre...**
• a cold.	• **le rhume.**
• an upset stomach.	• **les indigestions.**

9/ON THE ROAD

DIALOGUE: À L'AGENCE DE LOCATION DE VOITURES
(AT THE CAR RENTAL AGENCY)

Client:	**Bonjour. Je voudrais louer une voiture pas chère.**
Employée:	**Très bien, monsieur. Il nous reste une Toyota Starlet climatisée.**
Client:	**Est-ce que je pourrais l'avoir pour trois jours?**

Employée:	**Certainement, monsieur. Et le kilométrage illimité est compris dans le prix.**
Client:	**D'accord, c'est parfait. Je la prends.**
Employée:	**Très bien. Votre passeport et votre permis de conduire, s'il vous plaît.**

. . . .

Customer:	Hello. I'd like to rent an inexpensive car.
Employee:	Very well, sir. We still have a Toyota Starlet with air-conditioning left.
Customer:	Could I have it for three days?
Employee:	Certainly, sir. And unlimited mileage is included in the price.
Customer:	Perfect! I'll take it.
Employee:	Very good, sir. Passport and driver's license, please.

I'd like to rent a small car.	**Je voudrais louer une petite voiture.**
Do you have unlimited mileage?	**Avez-vous le kilométrage illimité?**
I'd like full insurance coverage.	**Je voudrais l'assurance tous risques.**
How much is the rate . . .	**C'est combien le tarif . . .**
• per day?	**• à la journée?**
• per kilometer?	**• au kilomètre?**
Do you need my driver's license?	**Avez-vous besoin de mon permis de conduire?**
Can I rent it here and return it in ___ ?	**Puis-je la louer ici et la rendre à ___ ?**

DRIVING

Is this the road to ___ ?	**Est-ce bien la route de ___ ?**
Do I make a U-turn?	**Est-ce que je dois faire demi-tour?**
Is there a parking lot nearby?	**Y a-t-il un parking près d'ici?**

THE SERVICE STATION

Fill it with super.	**Faites le plein du super.**

22

Give me 20 litres of regular.	**Donnez-moi vingt litres d'ordinaire.**
Please check . . .	**Voulez-vous bien vérifier. . .**
• the tire pressure.	**• la pression des pneus.**
• the water.	**• l'eau.**
The oil needs to be changed.	**Il faut changer l'huile.**
My car has broken down.	**Ma voiture est en panne.**
Can you repair it?	**Pouvez-vous la réparer?**
Can you tow me?	**Pouvez-vous la remorquer?**

10/COMMUNICATIONS

DIALOGUE: AU TÉLÉPHONE (ON THE TELEPHONE)

Mme. Robert: **Allô.**
Jean Guyon: **Allô. Ici Jean Guyon.**
Mme. Robert: **Bonjour, monsieur. Je voudrais parler à M. Roger, s'il vous plaît.**
Jean Guyon: **Ne quittez pas . . . Je suis désolé, mais il n'est pas là.**
Mme. Robert: **Quand sera-t-il de retour?**
Jean Guyon: **Vers quinze heures.**
Mme. Robert: **Alors, pourriez-vous lui dire de me rappeler? C'est de la part de Mme. Robert.**
Jean Guyon: **Très bien. Je lui ferai le message. Au revoir, madame.**
Mme. Robert: **Merci. Au revoir, monsieur.**
. . . .
Mrs. Robert: Hello?
Jean Guyon: Hello. Jean Guyon speaking.
Mrs. Robert: Hello. I'd like to speak with Mr. Roger, please.
Jean Guyon: Hold the line . . . I'm sorry, but he's not here.
Mrs. Robert: When will he be back?
Jean Guyon: Around three P.M.
Mrs. Robert: Well, could you tell him to return my call? This is Mrs. Robert.
Jean Guyon: Very well. I'll give him the message. Goodbye.
Mrs. Robert: Thanks. Goodbye.

TELEPHONES

Where can I make a phone call?	**Où puis-je téléphoner?**
Are tokens needed?	**Faut-il des jetons?**
I'd like to call overseas.	**Je voudrais téléphoner à l'étranger.**
What is the area code for ___?	**Quel est l'indicatif de ___?**
To whom am I speaking?	**Qui est à l'appareil?**
I'd like to speak to___.	**Je voudrais parler à ___.**

POST OFFICE AND MAIL

I'm looking for the post office.	**Je cherche un bureau de poste.**
How much is it for...	**C'est combien pour ...**
• a letter to the U.S.?	**• une lettre aux Etats-Unis?**
• a postcard?	**• une carte postale?**
I need stamps for two air-letters.	**Il me faut des timbres pour deux aéro-grammes.**

TELEGRAMS

May I send a telegram?	**Puis-je envoyer un télégramme?**
How much is it per word?	**C'est combien le tarif par mot?**

THE MEDIA

Do you have newspapers in English?	**Avez-vous des journeaux en anglais?**

Radio and Television (Radio et Télévision)

Is there a news station?	**Est-ce qu'il y a une station d'informations?**
Is there an English-speaking TV channel?	**Est-ce qu'il y a une chaîne en anglais?**

11/SEEING THE SIGHTS

DIALOGUE: AU MUSÉE (AT THE MUSEUM)

Sheila: **Vous savez je m'intéresse beaucoup à l'histoire de l'art.**

Pierre: **Moi aussi! Quelle période préférez-vous?**

Sheila: **J'adore les impressionnistes. Tenez! Regardez! Voilà un tableau impressionniste. Qui en est le peintre?**

Pierre: **C'est un tableau de Monet.**

Sheila: **Ah, oui. En quelle année l'a-t-il terminé?**

Pierre: **Attendez un moment. Je vais voir. . . . en 1898.**

. . . .

Sheila: You know, I'm very interested in art history.

Pierre: Me too! What period do you like the best?

Sheila: I love the Impressionists. Look! There's an Impressionist painting. Who's the painter?

Pierre: It's a painting by Monet.

Sheila: Oh, yes. What year did he complete it?

Pierre: Just a moment. I'll look. . . . in 1898.

SIGHTSEEING

Where is the tourist office?	**Où se trouve l'office du tourisme?**
I'd like to see . . .	**J'aimerais voir. . .**
• the art galleries.	• **les galéries d'art.**
• the castle.	• **le château.**
• the flea market.	• **le marché aux puces.**
• historic sites.	• **les sites historiques.**
• the royal palace.	• **le palais royal.**
Would you take our picture?	**Voudriez-vous nous prendre en photo?**
Smile!	**Souriez!**

IN THE COUNTRY

forest	**la forêt**
hill	**la colline**
lake	**le lac**
scenic route	**le circuit touristique**
vineyard	**le vignoble**

12/SHOPPING

DIALOGUE: AU MAGASIN DE VÊTEMENTS POUR HOMMES
(AT THE MEN'S CLOTHING STORE)

Cliente:	**Bonjour, monsieur. Je voudrais une chemise pour mon mari.**
Vendeur:	**Bonjour, madame. Nous avons un grand choix de chemises . . . Aimez-vous ce style?**
Cliente:	**Oui, mais je n'aime pas la couleur. L'avez-vous en bleu?**
Vendeur:	**Oui. Connaissez-vous sa taille?**
Cliente:	**Oui. Quarante, je crois.**
Vendeur:	**Eh bien, voilà.**
Cliente:	**Parfait! Voulez-vous bien l'emballer, s'il vous plaît?**

. . . .

Customer:	Hello. I'd like a shirt for my husband.
Salesman:	Hello. We have a large selection of shirts . . . Do you like this style?
Customer:	Yes, but I don't care for the color. Do you have it in blue?
Salesman:	Yes. Do you know his size?
Customer:	Yes. I think it's a 40.
Salesman:	Here it is.
Customer:	Perfect! Could you wrap it for me, please?

GENERAL SHOPPING EXPRESSIONS

I'm just browsing.	**Je ne fais que regarder.**
Can you show me . . .	**Pouvez-vous me montrer. . .**
• this?	• **ceci?**
• that?	• **cela?**
• the one in the window?	• **celui de la vitrine?**
• something less costly?	• **quelque chose de moins cher?**
Can you write down the price (for me)?	**Pouvez-vous m'écrire le prix?**
Can you send it to me?	**Pouvez-vous me l'envoyer?**

| Do I have to pay the value-added tax? | **Dois-je payer la TVA?** |
| May I have a bag? | **Un sac, s'il vous plaît.** |

CLOTHING

I'd like to buy...	**Je voudrais acheter...**
• a belt.	• **une ceinture.**
• a blouse.	• **un chemisier.**
• a coat.	• **un manteau.**
• a dress.	• **une robe.**
• shoes (a pair).	• **une paire de chaussures.**
• a suit (man's).	• **un complet.**
• a sweater.	• **un chandail.**
• a tie.	• **une cravate.**
Can I try it on?	**Puis-je l'essayer?**
Do you have a skirt that's...	**Avez-vous une jupe...**
• longer?	• **plus longue?**
• shorter?	• **plus courte?**
• bigger?	• **plus grande?**
• smaller?	• **plus petite?**
I wear size 42.	**Je porte du quarante-deux.**

Colors

I think you would look nice in...	**Je vous voir très bien en...**
• black.	• **noir.**
• blue.	• **bleu.**
• green.	• **vert.**
• red.	• **rouge.**
• white.	• **blanc.**

THE JEWELRY STORE (LA BIJOUTERIE)

Would you show me some earrings?	**Montrez-moi des boucles d'oreilles?**
What is this made out of?	**En quoi est-ce?**
It's ivory.	**C'est en ivoire.**

THE PHOTO SHOP (LE MAGASIN DE PHOTOS)

Do you sell . . .
- cameras?
- lens caps?

I'd like a roll of . . .
- color film.
- film for a 35mm camera.
- 36 exposures.

Vendez-vous . . .
- **des appareils photos?**
- **des capuchons d'objectif?**

Je voudrais une pellicule . . .
- **en couleur.**
- **pour un appareil 35mm.**
- **de 36 poses.**

BOOKS, MAGAZINES, AND PAPER GOODS

I'm looking for . . .
- a bookstore.
- a stationer.
- a newsstand.

Je cherche . . .
- **une librairie.**
- **une papeterie.**
- **un kiosque à journaux.**

TOILETRIES

Do you have . . .
- a brush?
- a comb?
- make-up?
- razor blades?
- a toothbrush?
- toothpaste?

Avez-vous . . .
- **une brosse?**
- **un peigne?**
- **du maquillage?**
- **des lames de rasoir?**
- **une brosse à dents?**
- **de la pâte dentifrice?**

FOOD SHOPPING

I'd like . . .
- a kilo of potatoes.

- a jar of coffee.
- a piece of cheese.
- a liter of mineral water.
- a box of chocolates.
- a bottle of milk/juice.
- 200 grams of flour.

Je voudrais . . .
- **un kilo de pommes de terre.**
- **un bocal de café.**
- **un morceau de fromage.**
- **un litre d'eau minérale.**
- **une boîte de chocolats.**
- **une bouteille de lait/jus.**
- **deux cents grammes de farine.**

Bread

Give me . . .
- a croissant.
- a roll.
- a baguette.

Donnez-moi . . .
- **un croissant.**
- **un petit pain.**
- **une baguette.**

13/ACTIVITIES AND ENTERTAINMENT

DIALOGUE: LA NATATION (SWIMMING)

Jean-Pierre:	**Qu'est-ce qu'il fait chaud!**
Mary Ann:	**Oui! Si on allait se baigner?**
Jean-Pierre:	**Bonne idée! Qu'est-ce que tu préfères: la mer ou la piscine?**
Mary Ann:	**J'adore la mer! Mais . . . y a-t-il des courants dangereux?**
Jean-Pierre:	**Mais, non! La mer est plutôt calme par ici.**
Mary Ann:	**Tant mieux! D'accord, rendez-vous sur la plage dans cinq minutes!**
Jean-Pierre:	**Entendu! Et n'oublie pas ton huile de bronzage!**

· ·

Jean-Pierre:	It's so hot out!
Mary Ann:	Yes. What do you say we go swimming?
Jean-Pierre:	Good idea! Which do you prefer: the beach or the pool?
Mary Ann:	I love the sea! But . . . are there any dangerous currents?
Jean-Pierre:	No! The sea is pretty calm around here.
Mary Ann:	So much the better! Okay, see you on the beach in five minutes.
Jean-Pierre:	Right! And don't forget your suntan lotion!

PARTICIPATORY SPORTS

Swimming

Where are the best beaches?	**Où se trouvent les meilleures plages?**
Where is the life guard?	**Où est le maître nageur?**
I'd like to rent . . .	**Je voudrais louer. . .**
• a beach chair.	• **une chaise longue.**
• an umbrella.	• **un parasol.**
Don't forget to bring . . .	**N'oubliez pas d'apporter. . .**

29

- sunglasses.
- suntan lotion.

Where is the pool?
Is the pool outdoors?

- **des lunettes de soleil.**
- **de la crème solaire.**

Où se trouve la piscine?
Est-ce une piscine en plein air?

Other Active Sports

Would you like to play tennis?

We need to buy some balls.

What's the score?
Would you like to go skiing?
Are there slopes for...
- beginners?
- intermediates?
- experts?
I'd like to rent ski equipment.

Voulez-vous jouer au tennis?

Il faut qu'on achète des balles.

Quel est le score?
Voulez-vous faire du ski?
Y a-t-il des pistes pour...
- **débutants?**
- **skieurs moyens?**
- **experts?**
Je voudrais louer un équipement de ski.

CAMPING

I'm looking for a campsite with drinking water.

Je cherche un camping avec de l'eau potable.

SPECTATOR SPORTS

Let's go to the sports stadium!
I'd like to see a soccer match.

Who's playing?
Who won?
What are the teams?

Allons au stade!
J'aimerais voir un match de football.
Qui joue?
Qui a gagné?
Quelles sont les équipes?

CULTURAL DIVERSIONS
Movies

Let's go to the movies!
What kind of film is it?
A love story.
Is it in French or English?

Is it dubbed?

Allons au cinéma!
Quel genre de film est-ce?
Une histoire d'amour.
Est-ce en français ou en anglais?
Est-ce doublé?

I prefer to see the original version with subtitles.	**Je préfère voir la version originale avec soustitres.**

Theater, Opera, Concert Hall, Ballet

What kind of play is it?	**Quel genre de pièce est-ce?**
I'd like . . .	**Je voudrais . . .**
• an orchestra seat.	• **une place à l'orchestre.**
• a balcony seat.	• **une place au balcon.**
I'd like to see . . .	**J'aimerais voir. . .**
• a jazz concert.	• **un concert de jazz.**
• an opera.	• **un opéra.**
• a ballet.	• **un ballet.**
Who's . . .	**Qui . . .**
• playing?	• **joue?**
• singing?	• **chante?**
• dancing?	• **danse?**

CLUBS, DISCOS, AND CABARET

I'd like to go to a nightclub.	**Je voudrais aller dans une boîte de nuit.**
I'd like to go dancing.	**Je voudrais aller danser.**

14/GENERAL INFORMATION

DAYS OF THE WEEK

Monday	**lundi**	Friday	**vendredi**
Tuesday	**mardi**	Saturday	**samedi**
Wednesday	**mercredi**	Sunday	**dimanche**
Thursday	**jeudi**		

MONTHS

January	**janvier**	July	**juillet**
February	**février**	August	**août**
March	**mars**	September	**septembre**
April	**avril**	October	**octobre**
May	**mai**	November	**novembre**
June	**juin**	December	**décembre**

SEASONS

Winter	**l'hiver**	Summer	**l'été**
Spring	**le printemps**	Fall	**l'automne**

THE DATE

What is today's date?

Quelle est la date d'aujourd'hui?

Today is May 18, 1989.

Aujourd'hui c'est le dix-huit mai mil neuf cent quatre-vingt-dix-neuf.

AGE

How old are you? **Quel âge avez-vous?**
I'm 36. **J'ai trente-six ans.**
His birthday is December 2. **Son anniversaire est le deux décembre.**

EXPRESSIONS OF TIME

now	**maintenant**	once	**une fois**
earlier	**plus tôt**	on Saturdays	**le samedi**
later	**plus tard**	each month	**chaque mois**
before	**avant**	since August	**depuis août**
after	**après**	next year	**l'année pro-chaine**
soon	**bientôt**		

WEATHER

What's the weather today?

Quel temps fait-il aujourd'hui?

It's raining/snowing. **Il pleut/neige.**
It's . . . **Il fait . . .**
• cold. • **froid.**
• warm. • **chaud.**
• nice. • **beau.**

EMERGENCY EXPRESSIONS

Fire! **Au feu!**
Hurry! **Vite!**
Help! **Au secours!**
Call the police! **Appelez la police!**
Call the fire department! **Appelez les pompiers!**
Can you help me, please? **Pourriez-vous m'aider, s'il vous plaît?**

Stop, thief! **Au voleur!**
Someone/they stole my watch! **On m'a volé ma montre!**
Stop him! **Arrêtez-le!**
Leave me alone! **Laissez-moi!**
Where's the police station? **Où est le poste de police?**
I want a lawyer. **Je veux un avocat.**